AF226922

NOTICE HISTORIQUE

SUR LA

MAISON DE GRAMONT.

1857

LO SOY QUE SOY

NOTICE HISTORIQUE

SUR LA

MAISON DE GRAMONT.

La Maison de Gramont est originaire d'Aragon, et son nom, qui s'écrivait anciennement *Agramonte*, et en espagnol *Agramontes*, paraît venir de la rivière l'Arga, appelée aussi autrefois Agra, que bordaient des deux côtés les domaines de ces seigneurs aragonais.

A la suite des événements qui vers le ixe siècle confondirent les destinées de la Navarre et d'une partie de l'Aragon, les seigneurs d'Agramontes s'établirent en Navarre dont ils étaient Ricombres (Ricos hombres) ce qui signifiait alors le premier rang de la puissance. Le château d'Agramonte paraît y avoir été leur première et principale résidence, jusqu'en 1350, époque à laquelle fut construit le château de Bidache, qui remplaça celui d'Agramont, ruiné et démantelé à la suite des attaques nombreuses qu'il avait soutenues dans les guerres de la Guyenne, pendant l'occupation anglaise. Il était situé dans le pays de Mixe, près de la commune de Villenave, au lieu dit aussi le Moulari, et constituait une des quatre grandes baronnies de Navarre. Pris en 1249 par Simon de Montfort, comte de Leicester, il fut rendu au seigneur de Gramont, par Edouard, roi d'Angleterre, à la suite d'un traité de ce prince avec Gaston VII de Béarn, dont Arnaud Guilhem de Gramont était allié. (Marca, *Histoire de Béarn*, liv. VII, chap. 3, 4, 5.)

Les seigneurs de Gramont possédaient aussi en pleine souveraineté la principauté de Bidache et Barnache, qui ne relevait d'aucun royaume voisin, et dont ils demeurèrent princes souverains et indépendants jusqu'en 1789.

Ils exerçaient à Bidache tous les droits régaliens, celui de vie et de mort (haute et basse justice), et le droit de battre monnaie à l'effigie et aux armes de leur maison.

Ils avaient leurs régiments de milice, marchant avec leurs couleurs et leur étendard, dont les officiers étaient brevetés par le seigneur de Gramont, et qui ne relevaient que de son autorité souveraine. Ces forces, connues dans l'histoire de Navarre sous le nom de bandes Gramontaises, y ont joué le rôle principal pendant tout le xve siècle, et ont décidé du sort de la Navarre. Après un siége de vingt jours soutenu contre les armées de Charles-Quint en 1523, Bidache fut pris et incendié. Quelques titres ayant disparu dans les flammes et le sac de la place, il s'éleva une contestation des droits souverains du seigneur de Gramont, mais à la suite d'une enquête solennelle, terminée en 1585, les rois de France et de Navarre en reconnurent la légitimité. C'est à cette époque que remonte l'origine de la devise de la Maison de Gramont (*Gratiâ Dei sum id quod sum*) qui paraît avoir eu pour but de constater cette reconnaissance. Cette devise est la même que celle qui se lit sur les pièces de monnaie frappées en Béarn et connues sous le nom de sous de Morlaas (1).

Depuis lors, la Maison de Gramont ne fut plus troublée dans l'exercice de son autorité, et sa souveraineté fut successivement reconnue par tous

(1) C'était la devise du comte Gaston Phœbus, souverain de Béarn (1350).

les rois de France jusqu'à Louis XVI. Lorsqu'en 1648, le comté de Gramont fut érigé en duché-pairie héréditaire, les lettres-patentes du Roi composèrent le duché, outre les terres comtales de Gramont, des baronnies de Guiche, de Camès, d'Hagetmau et des Angles, mais ne purent y comprendre la principauté de Bidache, que le comte de Gramont tenait à titre souverain.

La Maison de Gramont réunit aujourd'hui les descendances des anciennes Maisons comtales d'Aure, de Comminges et d'Aster, par le mariage de Menaud d'Aure, comte d'Aure, vicomte d'Aster et de Larboust, baron des Angles, avec Claire de Gramont, sœur et unique héritière de Jean II, seigneur de Gramont et prince de Bidache. Ce mariage eut lieu le 23 novembre 1525, et d'après le contrat qui existe aux archives de la Maison, Menaud d'Aure prit pour lui et pour ses enfants à perpétuité, les noms, titres et armes de la Maison de Gramont. Cette substitution fut consentie par les rois Henri II de Navarre et François Ier de France pour tous les fiefs qui dépendaient de leur couronne respective. En conséquence, Menaud d'Aure s'appela, après son mariage, ainsi qu'il est dénommé dans l'acte : Seigneur Menaud, comte d'Aure, comte de Gramont, prince souverain de Bidache et Barnache, vicomte d'Aster, vicomte de Larboust et baron des Angles.

La seconde branche de la Maison de Com- Comminges.
minges, devenue la première par l'extinction de la branche aînée en 1443, dans la personne de la comtesse Marguerite de Comminges, femme du comte Mathieu de Foix (après qui le comté de Comminges fut réuni à la Couronne) se fondit dans la Maison d'Aure en 1150, par le mariage de Guy de Comminges, second fils du comte Bernard III, dit Dodon, avec Bertrande d'Aure, héritière d'Aure, et fille du comte Sanche Garcie Ier.

La Maison d'Aster, dont l'origine commence à Aster.
Sanche, vicomte d'Aster en 845, du temps de Donat Loup Ier, comte de Bigorre, se continua en ligne directe jusqu'en 1285, époque à laquelle, Agnès, vicomtesse d'Aster, fille unique et héritière d'Espa II, vicomte d'Aster, épousa Sance Garcie, Arnaud Ier, comte d'Aure, qui par ce mariage devint vicomte d'Aster.

Les Maisons d'Aure et de Comminges ont la même origine et descendent toutes deux des ducs de Gascogne et d'Aquitaine, dont la postérité gouverna tous les territoires de l'ancienne Novempopulanie.

C'est en effet de cette souche, dont les anciens chefs connus sont : Armand, troisième duc des Gascons (628) et Eudes duc d'Aquitaine (700), que sortirent tous les comtes de la Gascogne et des Pyrénées. Les comtes d'Aragon et les rois de Navarre, les comtes de Béarn, de Bigorre, de Pardiac et d'Astarac, les comtes d'Aure et de Comminges, et les seigneurs de Gramont et d'Aster, remontent tous à cette origine, que les travaux consciencieux de quelques chroniqueurs permettent de retracer avec une certitude presque authentique, malgré le dédale des noms patronymiques et la confusion causée par le partage des fiefs.

(900) Arnaud, Ier comte d'Aure.

Arnaud, premier comte d'Aure, vivait en 900. Il était fils d'Asnarius II, dont il avait partagé l'héritage avec son frère Lupus Asnarius, ou Loup Asnaire, qui fut le premier comte de Comminges. Ils descendaient tous deux d'Asnarius Ier, qui en 823 avait été envoyé contre les Sarrasins avec le comte Ebles, par Charlemagne. Arnaud est appelé, dans les Chroniques, *Comes totius Aureœ*, comte de tout le territoire d'Aure. Sa postérité se divisa en deux branches, celle des vicomtes de Labarthe, continuée jusqu'à nos jours, et celle des comtes d'Aure, dont la lignée se fondit en 1525 dans la Maison de Gramont, ainsi qu'il a été dit plus haut.

L'histoire des comtes d'Aure ne manque pas d'un certain intérêt, mais ne saurait trouver place dans une note aussi succincte.

En 1534, le fils de Menaud d'Aure, Antoine Ier, réunissait en sa personne les quatre descendances de Gramont, d'Aure, d'Aster et de Comminges.

Les notions les plus anciennes que l'on possède sur les premiers seigneurs de Gramont ne permettent pas de remonter, avec quelque certitude, au delà de l'an 905, où Arnaud, seigneur de Gramont, figure en tête des Ricos-Hombres, qui concoururent à la proclamation de Sanche Garcias Abarca, roi de Navarre (Voyez *Diego Ramirez de Piscina*, en son Histoire manuscrite de Navarre, lib. II, cap. 7). Il était fils ou frère de Garsuand, lequel était un des chefs élus en Aragon après la défaite de Garcias Ximin, battu en 818 par Pepin, fils de Louis le Débonnaire.

(905)
Arnaud, seigneur de Gramont, Ricombre de Navarre.

Parmi les seigneurs de Gramont qui ont marqué dans l'histoire, nous citerons les suivants :

Arnaud Guilhem Ier, seigneur de Gramont, prince souverain de Bidache et maréchal héréditaire de Navarre (1200), scella en cette qualité une lettre-patente écrite au roi de France Philippe le Bel, et

Arnaud Guilhem Ier.

à la reine Jeanne son épouse, par les Etats de Navarre, en 1279. (Cette pièce est au trésor des chartes de Paris.) Il fit, en 1253, un traité offensif et défensif avec Gaston VII de Béarn, dont l'original est aussi au trésor des chartes, à Pau. Il suivit en Terre-Sainte le jeune Thibaut, roi de Navarre.

Arnauld Guilhem Ier est le premier seigneur de Gramont que l'on trouve dans les actes, revêtu du titre de prince souverain de Bidache et Barnache. Cependant il est de fait que cette souveraineté existait déjà depuis longtemps dans la Maison.

Roger
(1470-1514).

Roger, seigneur de Gramont, prince souverain de Bidache, maréchal héréditaire de Navarre, sénéchal de Guyenne (1470-1514). Il fut très-célèbre sous les rois Louis XI, Charles VIII et Louis XII, et assista puissamment de ses troupes les rois don Juan d'Aragon, sa fille Eléonore, François Phœbus et la reine Catherine, sa sœur, dans leurs luttes contre le comte de Lerin. La Navarre était alors en proie aux guerres civiles et divisée en deux factions ennemies, dites des Gramont et des Beaumont. Ces guerres durèrent près d'un siècle. Roger de Gramont fut ambassadeur à Rome pour le roi Louis XII.

(1500)
Le cardinal
de Gramont.

Gabriel de Gramont, un des fils de Roger, fut évêque de Couseran, puis de Tarbes, de Poitiers, et finalement cardinal-archevêque de Toulouse. Il eut de grands emplois sous le roi François Ier, qui l'avait pris en grande amitié et haute estime, à cause de son esprit et de son savoir. Il fut plusieurs fois envoyé en ambassade vers le Pape, l'empereur Charles-Quint et Henri VIII d'Angleterre : c'est lui qui négocia le traité de Madrid, par lequel François Ier reprit la liberté.

Claire de Gramont, qui, en 1525, épousa Menaud d'Aure, vicomte d'Aster, et lui porta, avec la souveraineté de Bidache, les terres et titres de Gramont, était petite-fille de Roger.

Philibert, comte de Gramont et de Guiche, comte d'Aure et prince de Bidache, petit-fils de Claire et de Menaud, avait épousé Diane Corisandre d'Andouins, connue sous le nom de la Belle-Corisandre, et célèbre par l'amour qu'elle inspira au roi Henri IV.

Corisandre de Gramont devint veuve après sept ans de mariage, le comte de Gramont ayant péri au siége de la Fère à l'âge de 28 ans. Elle était encore fort jeune et fort belle, pleine de grâces et d'esprit. Henri IV en était éperdument amoureux. Elle ne sut pas résister aux hommages de ce jeune héros, mais toute une vie de dévouement absolu et d'abnégation chevaleresque expia sa fai-

blesse, pour laquelle l'histoire s'est montrée in-
dulgente. Après la bataille de Coûtras, le jeune
Béarnais, couvert de gloire, accourut à Bidache
déposer aux pieds de Corisandre les vingt-deux
drapeaux qu'il avait pris sur l'ennemi.

Plus tard, la comtesse de Gramont vendit ses
diamants et aliéna des biens considérables pour
pouvoir, à plusieurs reprises, envoyer à Henri des
renforts de troupes. Elle leva jusqu'à vingt-quatre
mille hommes, tous Béarnais, Basques et Gascons,
qu'elle équipa à ses frais pour le secourir.

Malgré son inconstance, Henri garda le souvenir
de tant de dévouement, et, jusqu'à ses derniers
jours, professa pour la comtesse, sinon un amour
qui n'existait plus, du moins une profonde et sin-
cère amitié. Il crut un jour lui en donner une
preuve, en annonçant l'intention de reconnaître
pour son fils Antoine Antonin, l'aîné des enfants
de la comtesse. Cette proposition, qui empruntait
aux coutumes de ce temps un caractère différent
de celui qu'on pourrait lui donner aujourd'hui,
était séduisante pour Corisandre, par l'éclat que
la couronne de France avait fait rejaillir sur son
royal amant, et le triomphe qu'elle remportait
par ce dernier hommage sur tant de rivales qui
lui avaient brisé le cœur. Mais le jeune Antoine

Antonin, en ayant eu connaissance, se hâta de la repousser : « Mieux vaut, dit-il, être fils d'un gentilhomme, que bâtard d'un roi. »

Cette réponse, loin de déplaire à Henri IV, valut au jeune comte de Gramont l'estime et les faveurs du roi.

Cette anecdote donna lieu plus tard à la plaisanterie du chevalier de Gramont, qui, dans un temps où l'esprit était plus de mode que la dignité, regrettait en riant ce qu'il appelait la folie de son père, dont les scrupules le privaient, à la cour de Louis XIV, d'un rang qui lui eût donné préséance sur les princes légitimés.

Antoine Antonin fut le premier *duc de Gramont*, ayant été élevé à cette dignité en 1643.

(1643)
Ier duc
de Gramont.

Il avait épousé en premières noces Louise de Roquelaure, fille du duc de Roquelaure, et en secondes noces, Claude de Montmorency.

Il était vice-roi de Navarre et chevalier des Ordres.

Antoine III, son fils, lui succéda en 1644 comme duc de Gramont et prince de Bidache. Il était maréchal de France avant la mort de son père, sous le nom de comte de Guiche.

Antoine III
maréchal
de France.

Antoine III fut ambassadeur du roi Louis XIV, pour aller, en son nom, demander au roi d'Espagne la main de l'infante, et fut créé à cette occasion grand d'Espagne de première classe et chevalier de la Toison d'Or.

Après une vie très-longue et très-occupée, pendant laquelle il s'éleva au faîte des honneurs, il mourut à Bayonne en 1678.

Le chevalier de Gramont. Son frère, *Philibert de Gramont,* connu sous le nom de *chevalier de Gramont*, et dont Hamilton a écrit les Mémoires, se faisait remarquer à la cour de France par beaucoup d'esprit et de talent; mais la grande facilité de ses mœurs et les aventures de sa vie, que son historien a reproduites dans un livre plein d'intérêt, en faisaient un type malheureusement trop exact d'une société dont les vices devaient tôt ou tard amener la ruine.

Le comte de Guiche. *Armand de Gramont, comte de Guiche,* fils aîné du duc Antoine III, se rendit célèbre par le passage du Rhin, qu'il effectua à la tête de la cavalerie française, sous les yeux du roi, qui, à ce sujet, écrivit une lettre touchante au maréchal son père, lettre dont l'original est aux archives de la Maison. Exilé de la cour à cause de sa liaison avec madame Henriette d'Angleterre, il mourut avant son père, en 1673.

Antoine V, maréchal de France, *Antoine V*, petit-fils du duc Antoine III, fut le premier de la Maison de Gramont qui porta le titre de duc de Guiche, créé par le roi en 1678, du vivant de son père, le duc de Gramont. Il devint duc de Gramont et prince de Bidache en 1695, et maréchal de France en 1713.

1er duc de Guiche (1678).

Il avait épousé Marie-Christine de Noailles, fille du duc de Noailles.

Louis de Gramont, d'abord *duc de Lesparre*, puis duc de Gramont, fils d'Antoine V, fut tué par un boulet à *Fontenoy*, à la tête des gardes françaises, dont il était colonel-général. Il reçut à sa mort les honneurs de maréchal de France (11 mai 1745).

Duc de Lesparre.

Antoine - Louis - Marie, 8e duc de Gramont et 21e prince de Bidache, né en 1755, lieutenant-général, chevalier des ordres, fut capitaine des gardes du corps sous les rois Louis XVI, Louis XVIII et Charles X ; la compagnie portait le nom de Gramont. Il mourut en 1836.

Antoine-Geneviève-Héraclius Agénor, son fils, connu jusqu'alors sous le nom de *duc de Guiche*, lui succéda comme chef de la Maison de Gramont. Lieutenant-général, 1er menin et 1er aide-de-camp de S. A. R. le duc d'Angoulême, il avait épousé la comtesse d'Orsay, fille du lieutenant-général comte d'Orsay.

Après la révolution de 1830, le duc de Guiche

vécut dans la retraite, éloigné des affaires. Devenu duc de Gramont en 1836, il continua, dans la vie privée, à donner l'exemple du respect des souvenirs, allié à l'amour de son pays. Ses enfants sont au nombre de cinq.

Son fils aîné, *Antoine-Alfred-Agénor*, duc de Guiche du vivant de son père, a pris à sa mort, en 1855, les titres de duc de Gramont et prince de Bidache. Marié en 1848 à Emma-Marie Mackinnon, fille de William-Alexandre Mackinnon, gentilhomme écossais, chef du clan de Mackinnon en Ecosse et membre du parlement d'Angleterre, il a quatre enfants en bas âge.

Le duc de Gramont actuel, né en 1819, a commencé sa carrière dans l'armée, comme officier d'artillerie, après être sorti de l'Ecole polytechnique. Il fut élu membre du conseil général des Hautes-Pyrénées en 1845. En 1851, le prince Louis-Napoléon Bonaparte le nomma envoyé extraordinaire et ministre plénipotentiaire, et depuis lors il a successivement représenté la France dans plusieurs postes diplomatiques. Il est aujourd'hui ministre de S. M. l'Empereur près la cour de Sardaigne.

Les deux frères du duc sont dans l'armée. Le second, Antoine-Léon-Philibert-Auguste de Gramont, duc de Lesparre, est colonel de cuirassiers; il a épousé mademoiselle de Ségur. Le troisième, le comte Alfred de Gramont, est chef de bataillon d'infanterie; il a épousé mademoiselle de Choiseul Praslin. Le duc actuel a deux sœurs, dont l'aînée est mariée au marquis du Prat.

La seconde branche de la Maison de Gramont porte le nom de Gramont-d'Aster, et est représentée par le comte de Gramont-d'Aster, cousin issu de germain du duc de Gramont.

Par son origine et par ses alliances, la Maison de Gramont était apparentée à celle des rois de Navarre et des rois de France, ainsi qu'ils l'ont reconnu dans les lettres-patentes pour l'érection du duché-pairie.

Il existe d'autres familles qui portent le nom de Gramont, mais elles ne sont pas apparentées avec la Maison des Gramont de Navarre. Une d'entre elles se distingue par son illustration et le titre de *duc de Caderousse*, qui fut reconnu et institué comme titre de duché français, par lettres-patentes du roi Charles X, le 28 avril 1827, sous la dénomination de duc de Caderousse. Cette ancienne Maison avait été titrée *marquis de Vachères* en 1688, la seigneurie de Vachères ayant été érigée en marquisat en faveur de Philippe-Guillaume de Gramont-Vachères.

En 1767, Marie-Philippe de Gramont-Vachères, marquis de Vachères, hérita, par le testament de son aïeul maternel, du *duché de Caderousse*, créé par le Saint-Siége dans le comtat d'Avignon. Ce n'était pas un duché francais, mais il le devint en 1827, comme il est dit plus haut.

Ducs
e Caderousse. Quelques auteurs assurent que l'origine de cette Maison remonte à un cadet des Gramont de Navarre, qui, au xv° siècle, serait venu s'établir en Dauphiné et y aurait acquis la seigneurie de Vachères; mais rien ne justifie cette proposition, et l'erreur en est manifeste. Ce n'est pas qu'il soit de l'intérêt des familles de contester une communauté d'origine qui ne saurait qu'ajouter au lustre de chacune d'elles, mais il est nécessaire cependant de reconnaître la vérité des faits telle qu'elle est constatée par une foule de documents.

Il existait au xv° siècle, dans le Velay, une famille déjà ancienne du nom de Gramont, et la Chesnaye rapporte qu'un de ses membres, nommé *Robert*, s'était attaché au roi Charles VII, lorsqu'en 1441 et 1447 il vint avec le dauphin faire le siége de Dax et de Tartas. Ce seigneur Robert paraît avoir, plus tard, rempli des emplois à la cour du roi de France, et est considéré comme un des auteurs de la Maison des Gramont du Dauphiné, connus sous le nom de Gramont-Vachères et de Gramont-Caderousse. Mais il n'avait aucune parenté avec les Gramont de Navarre, et *Guy Allard*, qui vivait et écrivait en 1571, dit positivement que ce *Robert* était originaire du Vélay, qu'il avait épousé Claude de Chatelard (du Dauphiné), et que sa famille était établie dans le Valentinois depuis deux siècles. On lit également dans *Chorier*, qui peut, à juste titre, être considéré comme une forte autorité dans ces matières, que, dans son testament, ce seigneur Robert voulut être enterré dans la paroisse de Montclar, *dans le tombeau de ses prédécesseurs ;* ce qui prouve, si cet historien est exact, que la famille de Gramont-Caderousse est plus ancienne en Dauphiné que ne le ferait supposer l'origine navarroise que quelques-uns lui prêtent.

Un autre auteur dont les écrits, aujourd'hui fort rares, ont acquis un prix inestimable, Le Laboureur (*les Mazures de l'île Barbe*), affirme également que les Gramont - Vachères n'ont rien de commun avec les Gramont de Navarre. A vrai dire, on ne trouve aucun historien digne de foi qui avance le contraire. Cette Maison, d'ailleurs, n'a nullement besoin, comme on le voit, de cette prétendue communauté d'origine pour tenir un rang élevé dans l'ancienne noblesse.

D'Expilly, dans son Dictionnaire géographique de la France, a confondu ce seigneur *Robert* de Gramont du Velay et du Dauphiné, avec son contemporain *Roger de Gramont*, souverain de Bidache, et pousse l'erreur jusqu'à citer l'érection de la baronnie de Came comme ayant été faite en 1479 en faveur dudit Robert de Gramont. Cette méprise paraît avoir servi de base au rapprochement qu'on a voulu établir entre les deux descendances, mais il est facile d'en constater l'inexactitude. En effet, Roger de Gramont a joué un rôle assez important dans la Navarre, pendant une partie du xve siècle, pour qu'il ne puisse subsister aucun doute sur son nom patronymique. Tous les documents de cette époque le désignent sous son vrai nom de *Roger*, et on ne peut en trouver un seul où il soit appelé *Robert*, ce nom de Robert (comme le fait fort bien remarquer M. Laisné dans son Dictionnaire véridique des origines des maisons nobles de France) n'étant guère plus usité en Navarre que celui de Sans ou de Garcie en Bretagne. Il n'existe d'ailleurs, dans toute la lignée des Gramont de Navarre, qu'un seul *Robert*. Il était fils d'*Arnaud Guilhem II de Gramont*, chef de la Mai-

son en 1300, et de Miramonde d'Aspremont, de la
famille d'Orte, en Gascogne. Ce seigneur *Robert*
fut tué, avec trois de ses gentilshommes, pour le
service du roi Philippe de Valois, par le seigneur
d'Albret, tenant le parti du roi d'Angleterre. Ce
fait eut lieu en 1345, pendant la trève des deux
rois, à raison de quoi le roi Philippe de Valois
témoigna son mécontentement et demanda au
comte de Lisle, son lieutenant-général en Langue-
doc, de sommer le sénéchal de Bordeaux et les
députés du roi d'Angleterre de faire rendre raison
au seigneur de Gramont pour ce meurtre. Robert
mourut sans postérité, et, comme on le voit, sa
mort précède de plus d'un siècle l'époque où vivait
Roger de Gramont, et où fut érigée en sa faveur la
baronnie de Came.

(*V.* Archives de Pampelune et Oyhenart, *Hist.
utriusque Vasconiæ.*)

Tous les auteurs sérieux sont, du reste, una-
nimes sur l'exactitude du nom de *Roger;* c'est
qu'en effet elle est incontestable. La famille de
Gramont possède dans ses archives, en original,
les lettres-patentes de Louis XII du 28 mars 1499,
portant confirmation de celles accordées par les
rois ses prédécesseurs au seigneur Roger de Gramont, et notamment des lettres-patentes du roi

Louis XI de 1479, inexactement citées par d'Expilly. A ces lettres royales sont joints deux extraits de l'enregistrement qui en a été fait en 1500, en la chambre des comptes et au bureau des trésoreries de France.

Il est donc impossible d'admettre une corrélation entre les Gramont de Navarre et les Gramont du Dauphiné, appelés Gramont-Vachères ou Gramont-Caderousse, attendu que l'histoire des deux familles ne présente aucun point de jonction, et le duché de Caderousse est sans rapport direct ni indirect avec le duché-pairie de Gramont érigé en 1648. C'est à tort également que l'on désigne quelquefois le duc de Caderousse sous le nom de *duc de Gramont-Caderousse*, car il n'y a pas de duché de ce nom en France, mais bien seulement le *duché de Caderousse*, qui doit être dénommé ainsi qu'il a été institué par le souverain en faveur de *Emmanuel de Gramont, duc de Caderousse*, maréchal de camp (général de brigade), décédé en 1841.

Nous terminerons cette notice historique par l'énumération des divers titres qui appartiennent et ont appartenu à la Maison des ducs de Gramont, en indiquant les dates qui s'y rapportent :

1° *Seigneur de Gramont*, qui se disait Agramontes (905).

2° *Ricombre*, en Aragon, jusqu'en 1522.

3° *Ricombre et maréchal héréditaire de Navarre* jusqu'en 1644.

4° *Prince de Bidache et Barnache*, depuis 1203 (la souveraineté s'éteignit en 1789).

5° *Comte de Gramont, comte d'Aure et de Louvigny*, depuis 1525.

6° *Duc de Gramont*, duché-pairie héréditaire depuis 1648.

7° *Duc de Guiche*, duché héréditaire sans pairie, créé en 1678 pour le fils aîné du duc de Gramont.

8° *Duc de Lesparre*. duché à brevet accordé à un fils des ducs de Gramont, en certaines occasions (1720).

9° *Duc de Louvigny*, duché à brevet, créé une fois pour la vie, et donné à un des fils du duc de Gramont en 1720.

10° *Comte de Guiche*, titre porté par le fils aîné du duc de Gramont jusqu'à la création du duché de Guiche.

11° *Vicomte d'Aster*, depuis 1285. Ce titre est porté par la branche cadette de la Maison de Gramont.

12° *Marquis de Séméac*, titre qui a disparu avec le fief.

13° *Baron des Angles et d'Hagetmau* depuis 1525.

La maison de Gramont compte dans sa lignée :

14 Maréchaux de Navarre ;

3 Maréchaux de France ;

2 Cardinaux.

Le duc actuel est le 24° prince de Bidache et le 10° duc de Gramont.

————

Armes
e la Maison
e Gramont.
Les armes des Gramont rappellent celles des trois Maisons dont la famille réunit la lignée ; savoir : Aure, Aster et Comminges.

En voici la description :

I. Écartelé au premier d'or au lion d'azur, qui est l'écusson de Gramont.

II. Écartelé au deuxième et au troisième de gueules à trois flèches d'or, ferrées et emplumées d'argent, en pal, la pointe en bas, qui est d'Aster.

III. Écartelé au quatrième d'argent au levrier rampant colleté d'azur, le levrier de gueules ; brisé d'une bordure de sable, chargée de huit besants d'or, qui est d'Aure.

IV. Sur le tout d'argent à la croix pattée de

gueules, formant indifféremment de gueules à quatre otelles d'argent, adossées en sautoir, qui est des premiers comtes de Comminges.

Les supports sont deux lions debout et affrontés; la tête contournée et portant la couronne ducale ouverte. En dessous huit drapeaux dont quatre de chaque côté, blancs à croix d'azur, qui sont les drapeaux des gardes françaises, donnés par le roi en souvenir de la bataille de Fontenoy, où périt le duc de Gramont.

La devise de la Maison, telle que la portait le maréchal de Gramont à la cour de Louis XIV, est : *Gratià Dei sum id quod sum.* Elle date de 1585. Mais la plus ancienne est en espagnol, et ainsi conçue : *Lo soy que soy* (je suis ce que je suis). Dans les guerres de Navarre, la bannière des Gramont portait aussi la devise suivante : *Lo que hu de ser no puede faltar;* et le cri de guerre était : *Dios nos ayude.*

La couronne qui surmonte le manteau est une couronne ducale et princière pour le chef de la Maison, c'est-à-dire une couronne de duc, fermée d'une toque rouge, cerclée de quatre cercles perlés, dont trois visibles sur une face. Sur l'écusson se trouve une couronne de duc ouverte. Les autres membres de la famille portent sur l'écusson la couronne du chef de la Maison, et sur le manteau celle de leur titre.

Le manteau est rouge doublé d'hermine.

Les couleurs sont : 1° jaune ; 2° rouge ; 3° bleu.

***

N. B. Cette notice historique est fort incomplète à cause de sa brièveté. L'histoire de la Maison de Gramont forme un volume beaucoup plus étendu, duquel sont extraites ces notes succinctes.

Versailles. — Imprimerie de Beau jeune, rue de l'Orangerie, 36.